日蓮宗勤行要典

Die Liturgie der Nichiren Shū

日蓮宗蓮光寺版

Renkōji Edition

日蓮宗勤行要典(ドイツ語版)
Die Liturgie der Nichiren Shū
(Deutsche Fassung)
Taschenbuch
ISBN 978-0-244-19549-6

Edizioni Renkōji - Renkōji Edition

Tempio Guhōzan Renkōji
via Fossa, 2
15020 Cereseto (AL) Italy
Tel. (0039) 0142-940506

池上養源寺内陣

Die zwei ehrwürdigen Buddhas Śākyamuni und Tahō, mit dem Schatzturm des Odaimoku im Zentrum, flankiert von den vier Bodhisattvas der Erde (一塔両尊四士 *Ittō Ryōson Shishi*), aufbewahrt im Yōgenji-Tempel in Ikegami, Tōkyō.

宗祖日蓮大聖人
Nichiren Shōnin, der Begründer der Nichiren Shū

Inhaltsverzeichnis

Wichtige Daten und Festtage der Nichiren Shū

Januar

31.12. Abendzeremonie mit Läuten der Tempelglocke Joya-no-kane
1.-3.1. Neujahr
1.1. Todestag von Nichiji Shōnin
21.1. Todestag von Nichirō Shōnin

Februar

2.2. Todestag von Nikkō Shōnin
15.2. Buddha Śākyamunis Eintreten ins Nirvāna
16.2. Geburt von Nichiren Daishōnin

März

26.3. Todestag von Nisshō Shōnin
Ca. 21.3. O-Higan, Sommersonnenwende

April

8.4. Geburt Śākyamuni Buddhas
Hanamatsuri (Kirschblütenfest)
28.4. Begründung des Nichiren Buddhismus, Erste Rezitation des Odaimoku

Mai

12.5. Exil auf Izu

Juni
4.6. Todestag des Großen Meisters Dengyō

Juli
8.7. Einschreiben des ersten Mandala Gohonzon
15.7. O-Bon Zeremonie, Ahnengedenken

August
12.8. Todestag von Nitchō Shōnin
27.8. Matsubagayatsu Verfolgung

September
3.9. Todestag von Nikō Shōnin
12.9. Tatsunokuchi Verfolgung
Ca. 23.9. O-Higan, Wintersonnenwende

Oktober
10.10. Exil auf Sado
13.10. Oeshiki Eintreten Nichiren Daishōnins ins Nirvāna

November
11.11. Komatsubara Verfolgung
24.11. Todestag des Großen Meisters T'ien T'ai

Dezember
8.12. Jōdō-E, Erleuchtung von Buddha Śākyamuni
31.12. Joya-no-kane, Läuten der Tempelglocke

Zur Praxis des Otsutome

Herzlich Willkommen zur Zeremonie des *Otsutome* (oder auch *Gongyō*), der religiösen und wundervollen Ausübung des Lotus Sūtra gemäß der Liturgie und Tradition der Nichiren Shū.

Das *Otsutome* ist unsere tägliche Zeremonie zur Verehrung der Drei Juwelen (Schätze): 1) Das Juwel aller Buddhas, der Ewige Buddha Śākyamuni; 2) das Juwel der gesamten Lehren des Buddhas, dem Lotus Sūtra; und, 3) dem Juwel der Gemeinschaft aller Schüler und Mönche des Buddhas, Nichiren Daishōnin. Wir zelebrieren das *Otsutome* täglich zweimal, am Beginn und am Ende des Tages und geben unserer Verehrung und unserer Dankbarkeit gegenüber dem Buddha, dem Dharma des wunderbaren Gesetzes von Myōhō Renge Kyō und unserem Gründer Nichiren Daishōnin Ausdruck. Unsere Einstellung und innere Haltung während der Zeremonie des *Otsutome* ist daher sehr wichtig.

Das *Otsutome* ist die Ausübung des Ewigen Buddha und die Möglichkeit, unsere eigene transzendentale Buddhanatur zu finden und uns mit ihr zu verbinden. Wir sollten uns darum bemühen, ein tiefes Gefühl des Glaubens, der Hingabe, der Dankbarkeit und der Achtsamkeit während der Zeremonie des *Otsutome* zu kultivieren und zu praktizieren.

Das Lotus Sūtra verkörpert alle Lehren des Buddha und jedes seiner Schriftzeichen repräsentiert den Körper, die Stimme und das Herz des Buddha. Wir sollten jedes Wort deutlich aussprechen, mit einer soliden, aber entspannten Stimme aus dem Zwerchfell heraus, mit einem nicht zu schnellen, aber auch nicht zu langsamen Rhythmus.

Lassen Sie uns unseren Altar und die Umgebung sauber und ordentlich halten und angemessen gekleidet sein für die Ausübung dieser täglichen Praxis. Wir machen uns bewußt, dass dieser Ort, an dem wir praktizieren, das Reine Land des Buddhas ist und nehmen zu Beginn Zuflucht bei den Drei Juwelen, um dann den Buddha, die Bodhisattvas, Nichiren Daishōnin und die buddhistischen Schutzgötter *(die Shoten Zenjin)* einzuladen, an unserer Zeremonie teilzunehmen und unsere Rezitation des Sūtra und des Odaimoku annehmen.

Diese Liturgie ist einzigartig, denn sie ist komplett zweisprachig. Die Texte des Sūtra und der Schriften von Nichiren Shōnin, sowie die hier eingeschlossenen Gebete sind in der Form des „*Shindoku*" (sino-japanisch), im Japanisch der Kamakurazeit (13. Jh. im Falle der Texte von Nichiren Shōnin), im Japanisch in Form des „*Kundoku*" (Kun-Lesung, einer Vorform des modernen Japanisch) und ins Deutsche übersezt.

Unabhängig von ihrem Land oder Traditionen, rezitieren allen buddhistischen Schulen die

Sūtren, die erleuchteten Worte des Buddha. So werden sie in Sankrit, Pali, Chinesisch, Tibetisch, Thai, Koreanisch, Japanisch oder anderen regionalen Sprachen rezitiert.

In der Nichiren Shū wird das Lotus Sūtra auf die gleiche Weise wie durch unseren Gründer und Meister Nichiren Shōnin rezitiert. Zum größten Teil erfolgt die Rezitation in einer Mischsprache von klassischen chinesischen Schriftzeichen mit einer antiken japanischen Aussprache dieser Symbole. Der Ursprung dieser Ausprache ist auf die Zeit zurück zu führen, in der der Buddhismus erstmalig in Japan eingeführt wurde (*5.- 7. Jh.*). Indem wir das Sūtra auf diese Weise rezitieren, führen wir eine über 1600 Jahre alte Tradition und Geschichte fort und halten sie am Leben.

Wenn wir das *Otsutome* der Nichiren Shū ausüben, beginnen wir mit einer tiefgehenden Reflektion und Zufluchtnahme bei den Drei Großen Mystischen Dharmas: dem großen Mandala Gohonzon, dem Ort an dem er eingeschreint ist, und beim Herzen des Lotus Sūtra – dem Odaimoku von Namu Myōhō Renge Kyō. Wir fahren fort mit der Zufluchtnahme bei den Drei Juwelen des Buddhismus und drücken unsere aufrichtige Hingabe aus. Dann laden wir die Buddhas und Bodhisattvas zu uns ein, zuzuhören und die Rezitation des Otsutome anzunehmen. Es werden die Verse zur Eröffnung des Sūtra gesungen, direkt gefolgt von der Rezitation einiger ausgesuchter Passagen aus dem Lotus

Sūtra. Dieses Buch enthält den Beginn des Hōben Kapitels, die Yokuryōshū (Auszüge aus Kapitel 2, 3, 10 und 11), und Teile des Kapitels Juryō (16.) und Jinriki (21.). Von diesen sind das Hōben und Juryō Kapitel die wichtigsten.

Diesen folgt das Lesen von Texten aus den Schriften Nichiren Daishōnins, gefolgt von der Hauptausübung, dem Rezitieren von Namu Myōhō Renge Kyō. Es gibt dabei keine festgelegte Dauer, Anzahl oder Vorgaben zum Tempo bei der Rezitation des Odaimoku.

Nichiren Daishōnin sagte, dass ein einziges Mal ausreichend und eine Millionen Mal unzureichend sein kann. Rezitieren Sie aus ganzem Herzen, konzentriert und stetig, bis es sich gut anfühlt.

Wir beschliessen die Rezitation mit dem Hōtōge, widmen in einem Gebet die angesammelten Wohltaten allen Lebewesen, um dann dem Buddha vier aufrichtige Versprechen zu machen, indem wir die Vier Bodhisattva Gelübde ablegen.

Zusammenfasssend ist die Reihenfolge des kompletten *Otsutome* zu Hause (z.B.) die folgende:

1) **Odaikoku Sanshō** – Hiki Daimoku
2) **Shōmyō (gesungene Verse)**
3) **Kanjō,** Anrufung – Bittgebet
4) **Kaikyōge,** Verse zur Eröffnung des Sūtra
5) **Rezitation** von Teilen des Sūtra
   - Kapitel 2, Hōben
   - Yokuryōshū
   - Kapitel 16, Juryō - Jigage

- Kapitel 21, Jinriki - Versteil

6) **Lesung aus den Schriften Nichiren Daishōnins**
7) **Rezitation des Odaimoku**
8) **Hōtōge**
9) **Ekō** – Gebet zur Verbreitung der Wohltaten
10) **Shigu Seigan** – Die Vier Bodhisattva Gelübde
11) **Odaimoku Sanshō** – Hiki Daimoku

Je nach Zeit, können zu Hause die Shōmyō auch weggelassen werden. Bei den Zeremonien im Tempel werden sie fast immer gesungen. Es lohnt sich, sie gelegentlich zu üben, um den Versammlungen im Tempel besser folgen zu können.

Die fettgedruckten Abschnitte werden zu Hause beim *Otsutome* allein und in der Gruppe vom Priester oder der Leitung der Versammlung gesprochen. Die normal gedruckten Abschnitte, von allen zusammen.

Traditionell hatten die Tempel früher keine Mikrofone oder andere Hilfsmittel zur Unterstützung der Mönche und der Versammlung. Daher dient der Klang der Glocken als Signal, dass die Zeremonie beginnt oder endet. Der Gebrauch der *mokushō* (eine Holztrommel), der *mokushō* (einer Holzglocke in Fischform), der *taiko* (Trommel) oder *uchiwa-daiko* (Handtrommel in Form eines Fächers) werden alle während der unterschiedlichen Zeremonien zur Beibehaltung des Rhythmus, der Harmonie und Einheitlichkeit bei der Reziation des Sūtras und des Odaimoku benutzt, jeweils mit einem Schlag bei jeder Silbe der chinesischen Schriftzeichen (Kanji).

Es gibt kaum eine bessere Möglichkeit das *Otsutome* zu erlernen als mit anderen zusammen. Kommen sie so oft es geht in den Tempel, um das *Otsutome* gut zu beherrschen und den korrekten Gebrauch der *Glocken, mokushō, mokugyō,* der *taiko* und *uchiwa-daiko* zu erlernen. Und um die Prinzipien, Werte und Geisteshaltung des Buddhismus ebenso wie die des eigenen buddhistischen Glaubens und der Praxis vollständig und fundiert zu pflegen, angeleitet von den Mönchen und Nonnen der Nichiren Shū.

Gasshō,
Namu Myōhō Renge Kyō
Rev. Shōryō Tarabini
Tempel der Nichiren Shū Guhōzan Renkoji,
Cereseto (AL), Italien
Mai 2019

Einleitung zur deutschen Liturgie der Nichiren Shū

Diese Übersetzung der Liturgie der Nichriren Shū soll in erster Linie der alltäglichen Praxis dienen. Darüber hinaus ist sie dafür gedacht, Menschen, die die Ausübung der Nichiren Shū in deutscher Sprache kennenlernen möchten, auch die Möglichkeit dazu zu geben. Bisher gab es nur englische und andere internationale Versionen. Reverend Shōryō Tarabini hält das Vorhandensein einer Fassung in der jeweiligen Landessprache für absolut essenziell. Für seine große Unterstützung bei der Umsetzung bin ich Rev. Tarabini zutiefst dankbar!

Mir begenete in Gesprächen mit bereits mit dem Nichiren Buddhismus vertrauten Menschen, oft der Wunsch nach einer muttersprachlichen Fassung und einer tiefergehenden Version eines *Gongyō*. Die vorliegende Ausgabe ist daher die wohl erste deutsche Übersetzung, der für die tägliche Zeremonie zu Hause wichtigsten Teile des *Otsutome* der Nichiren Shū. Als Grundlage diente die englische Übersetzung der japanischen Liturgie (*Nichiren Shū Shūtei Hōyōshiki*) durch Rev. Tarabini und „La Liturgia della Nichiren Shū Italia; Editioni Renkoji", die durch Zusammenarbeit vieler Priester und Mitglieder des Renkoji Tempels möglich geworden ist.

Die komplette Liturgie umfasst - im Gegensatz

zu anderen Schulen, welche sich auf Nichiren berufen - noch viele weitere Teile des Lotus Sūtra. Exemplarisch ist im vorangegangenen Einführungstext ein Ablauf für das *Gongyō* zu Hause vor dem eigenen Butsudan angegeben, der aber erweitert oder gekürzt werden kann.

Darüber hinaus sind gelegentlich Angaben zum Gebrauch der Glocke *orin* und der *Mokushō* welche sonst vor allem im Tempel erlernt werden können. Der historisch überlieferte Rhythmus des Hōtōge ist dabei der Legende nach auf das Schaukeln des Bootes zurückzuführen, mit dem Nichiren in die erste Verbannung gebracht wurde. Dabei soll er diese Zeilen rezitiert haben. Etwas ähnlich dazu, folgt die rhythmische Struktur des Kaikyōge einer jahrhundertealten Überlieferung. Beide enthalten eine Rhythmusangabe für die Mokushō von Rev. Keiji Oshima. Es ist der Versuch, gelebte Überlieferung auch entfernt vom Tempel korrekt und reproduzierbar weiterzugeben. Dies kann aber das gemeinsame Üben nicht ersetzen.

Die Liturgie benutzt die Hepburn Systematik zur Aussprache des Sino-Japanischen (*Shindoku)* in der lateinischen Umschrift (*Romaji*).

Seit 2017 beginnt und endet das *Otsutome* ausschließlich bei den Zeremonien im Renkoji mit dem ***Hiki Daimoku***. Hierzu bemerkt Rev. Tarabini:

„Diese alte Tradition leitet sich vom Großen Haupttempel aller Tempel und Linien in Nachfolge von Nikkō Shōnin, dem Kitayama Honmonji, Fujinomiya (Shizuoka) ab. Hier liegt der Ursprung einer der drei Hauptschulen und Gründungstraditionen der heutigen Nichiren Shū. Diese 3 verborgenen Dharmas der wesentlichen Lehren des Lotus Sūtra sind die Grundlage der Lehren in der Nichiren Shū, die wir annehmen, wenn wir Zuflucht nehmen und der zentrale Punkt unseres Glaubens und unserer heutigen Praxis."

Mögen alle Lebewesen zur wahren Natur der Realität erwachen: dem Buddha Dharma!

Gasshō,
Namu Myōhō Renge Kyō
Dr. Thomas Weimann, Linz am Rhein
Mai 2019

Die tägliche Liturgie der Nichiren Shū

Die Zeremonie Otsutome

しょうみょう
声明
Shōmyō
Gesungene Verse

おだいもくさんしょう　ひ　だいもく

御題目三唱（引き題目）
Odaimoku Sanshō (Hiki Daimoku)

な　む ほんもん　ほんぞん　なむみょうほうれんげきょう

南無本門の本尊、 南無妙法蓮華経

Namu Honmon no Honzon,
Nam(u)- Myōhō Ren-ge Kyō

*Nam(u) Myōhō Renge Kyō

Voller Hingabe nehme ich Zuflucht beim Objekt der Verehrung der Essenziellen Lehren des Lotus Sūtra.

な　む ほんもん　かいだん　なむみょうほうれんげきょう

南無本門の戒壇、 南無妙法蓮華経

Namu Honmon no Kaidan,
Nam(u)- Myōhō Ren-ge Kyō

*Nam(u) Myōhō Renge Kyō

Voller Hingabe nehme ich Zuflucht beim Kaidan (Ort für den Empfang der Gebote, des Glaubens und der Ausübung) der Essenziellen Lehren des Lotus Sūtras.

なむほんもん　だいもく　なむみょうほうれんげきょう
南無本門の題目、 南無妙法蓮華経
Namu Honmon no Daimoku,
Nam(u)- Myōhō Ren-ge Kyō

*Nam(u) Myōhō Renge Kyō

Voller Hingabe nehme ich Zuflucht beim Daimoku (Titel und Mantra) der Essenziellen Lehren des Lotus Sūtra.

***Anmerkung:** Der leitende Mönch (oder Dōshi) singt die erste Strophe, welche dann im Odaimoku endet. In einem nachhallenden melodischen Echo stimmt dann die Versammlung jeweils auf der Silbe „ge" von „Reng-ge" des Mönchs mit einem gedehnten Nam(u) Myoho Renge Kyo ein. Die lezte Silbe „Kyō" wird einige Schläge lang gehalten, um langsam zu verklingen, während der Dōshi mit der zweiten Strophe des Hiki Daimoku beginnt. Der Effekt des überlappenden Odaimoku simuliert den wiederhallenden Wellenfluß des Meeres.*

どうじょうげ

道場偈

Dōjō-Ge

Verse zum Betreten des Dōjō

(Nur der Mönch)

が　し どうじょう　　にょ たい しゅ

我此道場　如帝珠

Ga shi Dō jō,　Nyo ta-i shu.

Ich betrete nun diesen Dōjō, einen schönen Palast voll glänzender Juwelen des Taishaku.

(Alle)

じゅうほう さん ぽう　　よう げんちゅう

十方三寶　影現中

Jū hō san bō,　Yō gen chū

Ich rufe nun alle Drei Juwelen aus den Zehn Richtungen an, zu erscheinen.

が しんよう げん　　さん ぼう ぜん

我身影現　三寶前

Ga shin yō gen,　San bō zen.

Vor diesen Drei Juwelen, die nun vor mir erschienen sind,

ず めんセツ そく　　き みょうらい

頭面攝足　歸命禮

Zu men ses-soku,　Ki myō rai.

werfe ich mich nieder, neige mein Haupt auf den Boden und biete Euch allen mein Leben an.

道場偈
Dōjōge

句頭 Leader
我 此 道 場 如 帝 イ 珠
Ga- Shi Dō— Jō Nyō—Ta——i Shu
付 Assembly
十 方 三 宝 影 現 中
Ju- Hō Sa—n Bō Yo Gen Chu—— —
我 身 影 現 三 宝 前
Ga- Shin Yo Gen Sa m Bō Zen
bow
頭 面 接 足 ク 帰 命 礼
Zu- Men Se So ku Ki – Myō Ra
Rai Hai
イ — —
i

さんぼうらい
三寶礼
Sanbō-rai
Verneigung vor den Drei Juwelen

いっしん きょうらい　じゅうほういっさい　じょうじゅうふ
一心敬禮、十方一切、常住佛

(Nur der Mönch)　(Alle)
Is-shin kyō rai, Jū hō is-sai, jō jū Fu
Mit ganzem Herzen verneigen wir uns vor den Ewigen Buddhas der zehn Richtungen.

いっしん きょうらい　じゅうほういっさい　じょうじゅうほう
一心敬禮、十方一切、常住法

(Nur der Mönch)　(Alle)
Is-shin kyō rai, Jū hō is-sai, jō jū Hō
Mit ganzem Herzen verneigen wir uns vor den ewigen Dharmas der zehn Richtungen.

いっしん きょうらい　じゅうほういっさい　じょうじゅうそう
一心敬禮、十方一切、常住僧

(Nur der Mönch)　(Alle)
Is-shin kyō rai, Jū hō is-sai, jō jū Sō
Mit ganzem Herzen verneigen wir uns vor den ewigen Sanghas der zehn Richtungen.

三宝礼
Sanbōrai
句頭 Leader
(repeat 3 times)
一 心 ン 敬 ウ 礼 イ
Is — Shi — n Kyō — u Ra — i
付 Assembly
十 方 一 切 イ
Ju — Hō Is — Sa — I
stand
bow
常 ウ 住
Jō u Jū —
Rai Hai
ウ 佛
1 (u)- Fū — —
Rai Hai
ウ 法 ウ
2 (u)- Hō u — —
3 (u)- Sō u — —

かんじょう

勧請

Kanjō Invokation – Bittgebet

(Nur durch den Priester, den Leiter der Versammlung oder beim Otsutome vor dem eigenen Butsudan)

ΔΔΔ (Glocke)

Voller Hingabe nehme ich Zuflucht im makellosen Kreis der Ehrenvollen des Großen Mandala Gohonzon; beim Sūtra des Lotus des Wunderbaren Gesetzes, beim Ewigen Buddha Śākyamuni, bei Buddha Tahō und bei allen anderen Buddhas der Vergangenheit, Gegenwart und Zukunft der 10 Richtungen, den Vier Großen Bodhisattvas aus der Erde, bei allen anderen Bodhisattvas und den Großen Schülern Buddha Śākyamunis, und bei den Shoten Zenjin, den Schutzgottheiten des Dharma.

Voller Hingabe nehme ich Zuflucht bei unserem Gründer, dem großen Bodhisattva Nichiren Daishōnin, gesendet durch den Ursprünglichen Buddha, um alle Wesen in der Zeitepoche von Mappō zu leiten.

Darüber hinaus verehre ich die Sechs Großen Schüler unseres Gründers und alle nachfolgenden Hervorragenden Meister des Dharma.

Voller Hingabe nehme ich Zuflucht bei Euch allen. Möget Ihr aus eurem Mitgefühl heraus an diesen geweihten Ort zu mir kommen, mich mit dem Licht Eurer Weisheit betrachten, und meine Gaben annehmen das Sūtra zu rezitieren und

Namu Myōhō Renge Kyō

かい きょうげ

開経偈

Kaikyōge

Verse zur Eröffnung des Sūtra

むじょうじんじんみ みょう　ほう　ひゃくせんまんごう

無上甚深微妙の法は百千萬劫にも

Mu-jō jin-jin *mi-myō *no Hō *wa, hyaku sen man gō *ni*mo

あ　い たてまつ　　かた　　われいまけんもん

遭遇奉ること難し。我今見聞し

ai-tate-*ma*tsu-*ru koto kata-*shi. Ware, ima ken-mon-*shi,

じゅ じ　　　え　　ねが

受持することを得たり。願わくは、

juji suru *ko-to wo eta-*ri. Nega-waku *wa,

にょらい　だいいち ぎ　　げ

如來の第一義を解せん。

*Nyo*ra-i no dai ichi-gi wo *ge-sen.

し ごく　だいじょうし ぎ

至極の大乗思議すべからず、

Shigo-*ku *no Dai-jō, shigi sube-kara-*zu,

けんもんそくち みな ぼ だい　ちか

見聞触知皆菩提に近づく。

ken-mon *so*ku-*chi mina *Bo-dai *ni chika-zuku.

のうせん　ほうしん　しょせん　ほっしん
能詮は報身、所詮は法身、
Nō-sen *wa hō-shin, *sho-sen *wa hos-shin,

しき そう　もん じ　すなわ　こ　おうじん
色相の文字は即ち是れ応身なり。
shiki-sō *no mon-ji wa, suna-wachi kore ō-jin nari.

むりょう　く どくみな　きょう　あつま
無量の功徳皆この經に集れり。
*Mu-ryō *no *ku*do-*ku, mina kono Kyō *ni atsu-mare-*ri.

こ　ゆえ　じ ざい　みょう　くん　みつ　やく
是の故に自在に冥に薫じ密に益す
Kono yue *ni, jiza-*i *ni, myō *ni kun-*ji, mitsu *ni yaku-*su.

う ち む ち つみ　めっ　ぜん　しょう
有智無智罪を滅し善を生ず。
Uchi muchi, tsumi *wo mes-*shi, zen *wo shō-*zu.

も　しん　も　ほう
若しは信、若しは謗、
Moshi *wa shin, moshi *wa hō,

とも　ぶつどう　じょう
共に佛道を成ぜん。
tomo *ni Butsu-dō *wo jō-zen.

さん ぜ　　しょぶつじんじん　みょうでん
三世の諸佛甚深の妙典なり。
San-*ze *no *sho-Butsu, jin-jin *no myō-den nari.

しょうじょうせせ　　ち ぐう　ちょうだい
生生世世、値遇し頂戴せん。
Shō-jō, *se-*se, chigū-*shi, chō-dai-sen.

(* = kurzer Schlag, Hyaku = normaler Schlag)

かいきょうげ

開経偈

Kaikyōge

(Verse zur Eröffnung des Sūtra)

Die tiefgründigste und wunderbare Lehre des Buddha wird in diesem Sūtra des Lotus offenbart. Es ist schwierig diesem Sūtra auch nur einmal in Tausenden und Millionen von Äonen zu begegnen.

Nun, da wir in der Lage waren dieses Sūtra zu sehen, zu hören und zu empfangen, mögen wir es verstehen als die herausragenste Lehre des Tathāgata.

Die vortrefflichste Lehre des Großen Fahrzeugs ist für uns sehr schwer zu verstehen. Wir werden in der Lage sein die Erleuchtung zu erlangen, wenn wir dieses Sūtra sehen, hören oder berühren.

Offenbart wird der Wahrheitskörper des Buddha. Offenbart wurde der Genusskörper des Buddha. Die Buchstaben, die dieses Sūtra bilden sind der Manifestationskörper des Buddha.

So wie ein Duft von etwas in seiner Nähe aufgenommen wird, so werden wir reich beschenkt durch dieses Sūtra, auch wenn wir uns nicht bewusst sind, derart beschenkt zu werden, da unendliche Vorzüge in diesem Sūtra angehäuft sind.

Wir können unsere früheren Verfehlungen auslöschen, Gutes tun und die Buddhaschaft durch die Verdienste dieses Sūtra erlangen. Es ist nicht von Belang, ob wir weise sind oder nicht, oder ob wir an das Sūtra glauben oder es verleumden.

Dieses Sūtra ist das wundervollste und unübertroffene, welches durch die Buddhas der Vergangenheit, Gegenwart und Zukunft gelehrt wird. Mögen wir ihm künftig wiederbegegnen und es empfangen, Leben auf Leben, Welt auf Welt!

みょうほうれんげきょうほうべんぽんだいに

妙法蓮華經方便品第二

Myōhō Renge Kyō

Sūtra der Lotusblume des Wunderbaren Gesetzes

Hōben-pon Dai-ni

Geschickte Mittel, Kapitel 2

にじせそん　じゅうさんまいあんじょうにき

爾時世尊。従三昧安詳而起。

Ni ji Se-son. Jū san mai an jō ni ki.

Zu dieser Zeit trat der Weltverehrte mit Bedacht aus seiner Samādhi und sprach zu Śāriputra:

ごうしゃりほつ　しょぶっちえ　じんじんむりょう

告舎利弗。諸佛智慧。甚深無量。

Gō Shari-hotsu. Sho But-chi e. Jin jin mu ryō.

„Die Weisheit eines Buddhas ist unendlich tief und unermesslich. Das Tor der Weisheit ist

ごちえもん　なんげなんにゅう　いっさいしょうもん

其智慧門。難解難入。一切聲聞。

Go chi e mon. Nan ge nan nyū. Is-sai shō mon.

schwer zu erschließen, schwer zu

ひゃくしぶつ　しょふのうち　しょいしゃが

辟支佛。所不能知。所以者何。

Hyaku shi Butsu. Sho fu nō chi. Sho i sha ga.

durchschreiten. Sie kann von keinem Śravaka

ぶつぞうしん ごん　ひゃくせん まん のく

佛曾親近。百千萬億。

Butsu zō shin gon. Hyaku sen man noku.

und Pratyekabuddha verstanden werden. Was ist der Grund dafür? Der Buddha stand bereits

むしゅ しょ ぶつ　じんぎょうしょ ぶつ　むりょう どう ほう

無數諸佛。盡行諸佛。無量道法。

Mu shu sho Butsu. Jin gyō sho Butsu. Mu ryō dō hō.

mit Myriaden von Buddhas auf vertrautem Fuß, mit unzähligen Buddhas. Er hat die unzähligen

ゆう みょうしょうじん　みょう しょう ふ もん　じょうじゅ じん じん

勇猛精進。名稱普聞。成就甚深。

Yū myō shō jin. Myō shō fu mon. Jō ju jin jin.

Arten der Erleuchtung dieser Buddhas erschöpfend praktiziert, heldenhaft und kraftvoll,

み ぞう う ほう　ずい ぎ しょ せつ　い しゅ なん げ

未曾有法。随宜所説。意趣難解。

Mi zō u hō. Zui gi sho setsu. I shu nan ge.

sein Ruhm war weitbekannt; er hat das wirklich tiefgründige, nie zuvor da gewesene Gesetz

しゃ り ほつ　ご じゅうじょう ぶっ ち らい　しゅ じゅ いんねん

舎利弗。吾從成佛已來。種種因縁。

Shari-hotsu. Go jū jō But-chi rai. Shu ju in-nen.

verwirklicht und predigt es in angemessener Weise, doch seine Absicht ist schwer zu

しゅ じゅ ひ ゆ　こう えん ごん きょう　む しゅ ほう べん

種種譬喩。廣演言教。無數方便。

Shu ju hi yu. Kō en gon kyō. Mu shu hō ben.

ergründen. Śāriputra! Seit ich die Buddhaschaft verwirklicht habe, habe ich die Lehre mittels

いん どう しゅ じょう　りょう り しょ じゃく　しょ い しゃ が

引導衆生。令離諸著。所以者何。

In dō shu jō. Ryō ri sho jaku. Sho i sha ga.

aller Arten von Methoden, mit allen Arten von Gleichnissen weithin verkündet. Durch unzählige

にょ らい ほう べん　ち けん は ら みつ　かい い ぐ そく

如來方便。知見波羅蜜。皆已具足。

Nyo-rai hō ben. Chi ken hara mitsu. Kai i gu soku.

geschickte Mittel habe ich die Lebewesen angeleitet, sich von ihren Anhaftungen zu befreien.

しゃ り ほつ　にょ らい ち けん　こう だい じん のん

舍利弗。如來知見。廣大深遠。

Shari-hotsu. Nyo-rai chi ken. Kō dai jin non.

Was ist der Grund dafür? Der Tathāgata ist begabt mit allen hilfreichen Mitteln, mit der

む りょう　む げ　りき　む しょ い　ぜんじょう　げ だっ

無量。無礙。力。無所畏。禪定。解脱。

Mu ryō. Mu ge. Riki. Mu sho i. Zen jō. Ge das-

Pāramitā der Weisheit. Śāriputra! Ein Tathāgata besitzt Weisheit, weithin reichend und tiefgründig,

さん まい　じんにゅう む さい　じょうじゅ いッ さい　み ぞう う ほう

三昧。深入無際。成就一切。未曾有法。

san mai. Jin nyū mu sai. Jō ju is-sai. Mi zō u hō.

unermesslich, unbeschränkt, er hat Kraft, ist furchtlos, ist bewandert in Versenkung, hat die

しゃ り ほつ　にょ らい のう しゅ じゅ ふん べつ

舍利弗。如來能種種分別。

Shari-hotsu. Nyo-rai nō shu ju fun betsu.

Befreiung erlangt, ist tief in die Grenzenlosigkeit eingetreten und hat das noch nie da gewesene

ぎょうせッ しょ ほう　ごん じ にゅう なん　えッ か しゅ しん

巧説諸法。言辭柔輭。悦可衆心。

Gyō ses-sho hō. Gon ji nyū nan. Ek-ka shu shin.

Gesetz in sich verwirklicht. Śāriputra! Der Tathāgata vermag auf die verschiedendsten

しゃ り ほつ　しゅ よう ごん し　む りょう む へん

舍利弗。取要言之。無量無邊。

Shari-hotsu. Shu yō gon shi. Mu ryō mu hen.

Weisen, mit geschickter Predigt, die Gesetze darzulegen. Seine Worte sind sanft und erfreuen die Herzen der Menge. Śāriputra! Kurzum: das

み ぞう う ほう　ぶッしつじょうじゅ　し しゃ り ほつ

未曾有法。佛悉成就。止舍利弗。

Mi zō u hō. Bus-shitsu jō ju. Shi Shari-hotsu.

unermessliche, grenzenlose, noch nie da gewesene Gesetz, der Buddha hat es vollkommen

ふ しゅ ぶ せつ　しょ い しゃ が　ぶっしょ じょうじゅ
不須復説。所以者何。佛所成就。
Fu shu bu setsu. Sho i sha ga. Bus-sho jō ju.
verwirklicht. Doch nun genug, Śāriputra! Mehr werde ich nicht erklären. Was ist der Grund dafür?

だいいち け う　なん げ し ほう　ゆいぶつ よ ぶつ
第一希有。難解之法。唯佛與佛。
Dai ichi ke u. Nan ge shi hō. Yui Butsu yo Butsu.
Weil das vom Buddha verwirklichte Gesetz, die höchste Wahrheit ist, selten zu hören und schwer zu verstehen. Nur wenn ein Buddha es an einen

ないのう く じん　しょ ほう じっ そう
乃能究盡。諸法實相。
Nai nō ku jin. Sho hō jis-sō.
anderen Buddha weitergibt, vermag dieser das wahre Wesen der Daseinsfaktoren vollkommen zu erfassen,

しょ い しょ ほう　にょ ぜ そう
所謂諸法。如是相。
* Sho i sho hō. Nyo ze sō.
nämlich die Daseinsfaktoren,
so wie sie ihren Merkmalen nach sind,

にょ ぜ しょう　にょ ぜ たい
如是性。如是體。
Nyo ze shō. Nyo ze tai.
wie sie ihrer Natur nach sind,
wie sie ihrer Substanz nach sind,

にょ ぜ りき　にょ ぜ さ
如是力。如是作。

Nyo ze riki. Nyo ze sa.

wie sie ihrer Kraft nach sind,
wie sie ihrem Geschehen nach sind,

にょ ぜ いん　にょ ぜ えん
如是因。如是縁。

Nyo ze in. Nyo ze en.

wie sie ihrer primären Ursache nach sind,
wie sie ihrer Kausalverbindung nach sind,

にょ ぜ か　にょ ぜ ほう
如是果。如是報。

Nyo ze ka. Nyo ze hō.

wie sie ihrem Ergebnis nach sind,
wie sie ihrer Folgewirkung nach sind,

にょ ぜ ほん まつ く きょう とう
如是本末究竟等。

Nyo ze hon matsu ku-kyō tō.*

und ihre Identität als solche trotz
ihrer Unterschiede.“

(* 3 x Wdh.)

よく りょう しゅう

欲令衆（真読）

Yokuryōshū

(Aus dem 2. Kapitel, *Hōben-pon*)

よく りょう しゅ じょう かい ぶっ ち けん

欲令衆生。開佛知見。

Yoku ryō shu jō. Kai But-chi ken.

Alle Buddhas, die Weltverehrten, erscheinen in

し とく しょう じょう こ しゅつ げん の せ

使得清淨故。出現於世。

Shi toku shō jō ko. Shutsu gen no se.

der Welt, um allen Lebewesen das Bewusstsein der Buddhas zu öffnen und sie Reinheit erlangen

よく じ しゅ じょう ぶっ ち けん こ

欲示衆生。佛知見故。

Yoku ji shu jō. But-chi ken ko.

zu lassen. Sie erscheinen in der Welt, um allen Lebewesen das Bewusstsein der Buddhas zu

しゅつ げん の せ よく りょう しゅ じょう

出現於世。欲令衆生。

Shutsu gen no se. Yoku ryō shu jō.

zeigen. Sie erscheinen in der Welt um alle Lebewesen zum Bewusstsein der Buddhas zu

ご ぶっ ち けん こ しゅつ げん の せ

悟佛知見故。出現於世。

Go But-chi ken ko. Shutsu gen no se.

erwecken. Sie erscheinen in der Welt, um jedes Lebewesen in den Weg zum Bewusstsein der

よく りょう しゅ じょう　にゅうぶっ ち けん どう こ
欲令衆生。入佛知見道故。
Yoku ryō shu jō. Nyū But-chi ken dō ko.
Buddhas eintreten zu lassen. Śāriputra, das ist

しゅつげんの せ　しゃ り ほつ　ぜ い しょ ぶつ
出現於世。舎利弗。是爲諸佛。
Shutsu gen no se. Shari-hotsu. Ze i sho Butsu.
der einzige große Zweck, nur aus diesem Grund

ゆいい いちだい じ いんねん こ　しゅつげん の せ
唯以一大事因縁故。出現於世。
Yui i ichi dai ji in-nen ko. Shutsu gen no se.
erscheinen die Buddhas, die Weltverehrten in der Welt.

(Aus dem 3. Kapitel, *Hiyu-hon*)

さん がい む あん　ゆ にょ か たく　しゅ くじゅう まん
三界無安。猶如火宅。衆苦充滿。
San gai mu an. Yu nyo ka taku. Shu ku jū man.
Die drei Welten (*Trailokya*) sind nicht sicher. Sie sind wie das brennende Haus. Sie sind voller

じん か ふ い　じょう う しょう ろう　びょう し う げん
甚可怖畏。常有生老。病死憂患。
Jin ka fu i. Jō u shō rō. Byō shi u gen.
Leiden und voller Schrecken. Immer gibt es dort

にょ ぜ とう か　し ねん ふ そく　にょらい い り
如是等火。熾然不息。如來已離。
Nyo ze tō ka. Shi nen fu soku. Nyo-rai i ri.
die Leiden von Geburt, Altern, Krankheit und

さんがいかたく　じゃくねんげんご
三界火宅。寂然閑居。
San gai ka taku. Jaku nen gen go.
Tod. So wie die Flammen, die unaufhörlich

あんじょりんや　こんしさんがい
安處林野。今此三界。
An jo rin ya. Kon shi san gai.
brennen. Ich habe das brennende Haus der drei

かいぜがう　ごちゅうしゅじょう
皆是我有。其中衆生。
Kai ze ga u. Go chū shu jō.
Welten bereits verlassen und weile heiter und

しつぜごし　にこんししょ
悉是吾子。而今此處。
Shitsu ze go shi. Ni kon shi sho.
friedlich in einer ruhigen Zuflucht im Wald. Die drei Welten gehören jetzt mir. Alle Lebewesen,

たしょげんなん　ゆいがいちにん
多諸患難。唯我一人。
Ta sho gen nan. Yui ga ichi nin.
die dort wohnen, sind meine Kinder. Aber es gibt viele Leiden dort, vor denen nur ich allein

のういくご
能爲救護。
Nō i ku go.
alle Lebewesen erretten kann.

(Aus dem 10. Kapitel, *Hosshi-hon*)

が けん け し しゅ　び く び く に
我遣化四衆。比丘比丘尼。
Ga ken ke shi shu. Biku biku ni.
Ich werde die vierfache Versammlung entsenden mit Mönchen, Nonnen und Männer

ぎっしょう しん じ にょ　く よう お ほっし
及清信士女。供養於法師。
Gis-shō shin ji nyo. Ku yō o hos-shi.
und Frauen reinen Glaubens, die dem Meister des Dharma Opfer darzubringen. Dieser wird

いん どう しょ しゅ じょう　しゅう し りょう ちょう ぼう
引導諸衆生。集之令聽法。
In dō sho shu jō. Shū shi ryō chō bō.
alle lebenden Wesen leiten und sie versammeln

にゃく にん よく か あく　どう じょう ぎゅう が しゃく
若人欲加惡。刀杖及瓦石。
Nyaku nin yoku ka aku. Tō jō gyū ga shaku.
den Dharma zu hören. Wenn ihm jemand Böses will, mit Schwert, Stock und Stein, werde

そっ けん へん げ にん　い し さ え ご
則遣變化人。爲之作衛護。
Sok-ken hen ge nin. I shi sa e go.
ich mit magischer Kraft Leute entsenden, um ihn zu schützen.

(Aus dem 11. Kapitel, *Kenhōtō-hon*)

にじほうとうちゅう　すいだいおんじょう
爾時寶塔中。出大音聲。
Ni ji hō tō chū. Sui dai on jō.
In diesem Moment hörte man eine laute Lobesstimme aus dem Inneren des

たんごんぜんざいぜんざい
歎言善哉善哉。
Tan gon, zen zai, zen zai.
Juwelenstūpa: "Ausgezeichnet! Ausgezeichnet!

しゃかむにせそん　のういびょうどうだいえ
釋迦牟尼世尊。能以平等大慧。
Shaka-muni Se son. Nō i byō dō dai e.
Śākyamuni, der Weltverehrte, kann nun das

きょうぼさっぽう　ぶっしょごねん
教菩薩法。佛所護念。
Kyō bo-sap-pō. Bus-sho go nen.
umfangreiche Sūtra der Lotusblume des Wunderbaren Gesetzes darlegen, die Lehre der

みょうほけきょう　いだいしゅせつ
妙法華經。爲大衆説。
Myō ho ke kyō. I dai shu setsu.
Gleichheit, die große Weisheit, der Dharma für die Bodhisattvas. Der Dharma, der von den

にょ ぜ にょ ぜ　しゃ か む に せ そん
「如是如是。釋迦牟尼世尊。
Nyo ze, nyo ze. Shaka-muni Se son.
Buddhas bewahrt wird. Es ist genau so, wie er es sagt. Alles was du, Śākyamuni, Weltgeehrter,

にょ しょ せっ しゃ　かい ぜ しん じつ
如所説者。皆是眞實。
Nyo sho ses-sha. Kai ze shin jitsu.
dargelegt hast, ist vollkommen wahr."

みょうほうれんげきょうにょらいじゅりょうほんだいじゅうろく

妙法蓮華經如來壽量品第十六

Myōhō Renge Kyō

Sūtra der Lotusblume des Wunderbaren Gesetzes

Nyorai Juryō-hon Dai-jūroku

Die Lebensspanne des Tathāgata, Kapitel 16

(Versteil Jigage)

じ が とく ぶつ らい　しょ きょう しょ こっ しゅ

自我得佛來　所經諸劫數

Ji ga toku Butsu rai. Sho kyō sho kos-shu.

Seit ich die Buddhaschaft erlangt habe sind viele hunderte, tausende Millionen von Milliarden von

む りょう ひゃく せん まん　おく さい あ そう ぎ

無量百千萬　億載阿僧祇

Mu ryō hyaku sen man. Oku sai a sō gi.

Asamkhyas Kalpas (Zeitalter) vergangen. Immer habe ich viele hundert Millionen von Lebewesen

じょう せっ ぽう きょう け　む しゅ おく しゅ じょう

常說法教化　無數億衆生

Jō sep-pō kyō ke. Mu shu oku shu jō.

den Dharma gelehrt und habe sie in den Pfad des Buddha eintreten lassen, und all dies seit

りょう にゅう お ぶつ どう　に らい む りょう こう

令入於佛道　爾來無量劫

Ryō nyū o Butsu-dō. Ni rai mu ryō kō.

unermesslich vielen Kalpas. Um die Lebewesen zu erretten, scheine ich als geschicktes Mittel,

い ど しゅじょう こう　ほう べんげん ね はん
爲度衆生劫　方便現涅槃
I do shu jō kō. Hō ben gen Ne-han.
ins Nirvāna einzutreten, doch in Wirklichkeit verlösche ich nicht. Ich lebe immer hier und lege

に じつ ふ めつ ど　じょうじゅう し せッ ぽう
而實不滅度　常住此説法
Ni jitsu fu metsu do. Jō jū shi sep-pō.
das Gesetz dar. Ich bin immer hier, doch durch meine übernatürlichen Kräfte können mich die

が じょうじゅう お し　い しょ じん ずう りき
我常住於此　以諸神通力
Ga jō jū o shi. I sho jin zū riki.
Lebewesen in ihrer Verwirrung nicht sehen, auch wenn ich ganz nahe bin. Wenn die Lebewesen

りょう てん どう しゅ じょう　すい ごん に ふ けん
令顛倒衆生　雖近而不見
Ryō ten dō shu jō. Sui gon ni fu ken.
sehen, dass ich verlöscht bin, bringen sie meinen Reliquien weithin Anbetung und

しゅ けん が めつ ど　こう く よう しゃ り
衆見我滅度　廣供養舎利
Shu ken ga metsu do. Kō ku yō sha ri.
Bewunderung dar. Sie werden Sehnsucht hegen und ihre Herzen werden danach dürsten, mich

げんかい え れん ぼ　に しょうかつ ごう しん
咸皆懐戀慕　而生渇仰心
Gen kai e ren bo. Ni shō katsu gō shin.
anzuschauen. Wenn die Lebewesen wahrhaft aufrichtig und gütig in ihrer Absicht geworden

しゅ じょう き しん ぶく　しち じき い にゅう なん
衆生既信伏　質直意柔輭
Shu jō ki shin buku. Shichi jiki i nyū nan.
sind, mit dem einzigen Herzenswunsch den Buddha zu erblicken, auch wenn es sie ihr Leben

いっ しん よっ けん ぶつ　ふ じ しゃく しん みょう
一心欲見佛　不自惜身命
Is-shin yok-ken Butsu. Fu ji shaku shin myō.
kosten würde, dann werde ich mit der Versammlung der Mönche auf dem Heiligen

じ が ぎゅう しゅ そう　く しゅつ りょう じゅ せん
時我及衆僧　倶出靈鷲山
Ji ga gyū shu sō. Ku shutsu Ryō-ju-sen
Geiergipfel erscheinen. Dann sage ich ihnen: ‚Ich bleibe immer hier und bin nicht verlöscht‘,

が じ ご しゅ じょう　じょう ざい し ふ めつ
我時語衆生　常在此不滅
Ga ji go shu jō. Jō zai shi fu metsu.
und das ich nur aufgrund verschiedener geschickter Mittel verlöscht erscheine jedoch

い ほう べん りき こ　げん う めつ ふ めつ
以方便力故　現有滅不滅
I hō ben riki ko. Gen u metsu fu metsu.
noch nicht verlöscht bin, und ich sage ihnen, wenn es Lebewesen in anderen Ländern gibt,

よ こく う しゅ じょう　く ぎょう しん ぎょう しゃ
餘國有衆生　恭敬信樂者
Yo koku u shu jō. Ku gyō shin gyō sha.
die voll Verehrung und aufrichtig im Glauben sind, dann werde ich auch unter ihnen den

がぶおひちゅう いせつむじょうほう
我復於彼中　爲説無上法
Ga bu o hi chū. I setsu mu jō hō.
unübertroffenen Dharma darlegen. Ihr jedoch habt davon noch nichts gehört, daher glaubt ihr,

にょとうふもんし たんにがめつど
汝等不聞此　但謂我滅度
Nyo tō fu mon shi. Tan ni ga metsu do.
dass ich verlösche. Ich sehe die Lebewesen in einem Ozean des Leidens ertrinken. Daher

がけんしょしゅじょう もつざいおくかい
我見諸衆生　没在於苦海
Ga ken sho shu jō. Motsu zai o ku kai.
zeige ich mich nicht, und lasse sie nach mir dürsten. Dann, wenn sie mich aufrichtig sehen

こふいげんしん りょうごしょうかつごう
故不爲現身　令其生渇仰
Ko fu i gen shin. Ryō go shō katsu gō.
wollen, werde ich mich manifestieren und offenbare ihnen den Dharma. Ich tue dies dank

いんごしんれんぼ ないしゅつい せっぽう
因其心戀慕　乃出爲説法
In go shin ren bō. Nai shutsu i sep-pō.
meiner übernatürlichen Kräfte. Ich lebe seit Asamkhya Kalpas auf dem Heiligen Geiergipfel

じんずりきにょぜ おあそうぎこう
神通力如是　於阿僧祇劫
Jin zū riki nyo ze. O a sō gi kō.
und auch an verschiedenen anderen Orten. Die Lebewesen nehmen (irrtümlich) wahr: ‚Das Ende

じょうざいりょうじゅせん　ぎゅうよ しょじゅうしょ
常在靈鷲山　及餘諸住處
Jō zai Ryō-ju-sen. Gyū yo sho jū sho.
dieses Zeitalters nähert sich und dabei wird die Welt von einem großen Feuer verschlungen',

しゅじょうけんこうじん　だいか しょしょうじ
衆生見劫盡　大火所焼時
Shu jō ken kō jin. Dai ka sho shō ji.
in Wirklichkeit bleibt mein Land sicher und ist beständig erfüllt von Göttern und menschlichen

が し ど あんのん　てんにんじょうじゅうまん
我此土安穏　天人常充滿
Ga shi do an non. Ten nin jō jū man.
Wesen, mit Gärten, Hainen und Pavillons. Diese sind mit verschiedenen Arten von Juwelen

おんりんしょどうかく　しゅじゅほうしょうごん
園林諸堂閣　種種寶荘嚴
On rin sho dō kaku. Shu ju hō shō gon.
geschmückt. Juwelenbesetzte Bäume sind voll von Blüten und Früchten, zwischen denen die

ほうじゅ た け か　しゅじょうしょゆうらく
寶樹多華果　衆生所遊樂
Hō ju ta ke ka. Shu jō sho yū raku.
Lebewesen glücklich wandeln. Die Götter spielen himmlische Trommeln und führen vielerlei Arten

しょてんきゃくてん く　じょうさしゅ ぎがく
諸天撃天鼓　常作衆伎樂
Sho ten kyaku ten ku. Jō sa shu gi gaku.
von Musik auf und lassen Māndārava-Blüten herabregnen, die die große Versammlung

うまんだらけ　さんぶつぎゅうだいしゅ
雨曼陀羅華　散佛及大衆
U man da ra ke. San Butsu gyū dai shu.
und mich bedecken. Mein reines Land wird nicht zerstört, auch wenn es für die Lebewesen so

がじょうどふき　にしゅけんしょうじん
我浄土不毀　而衆見焼盡
Ga jō do fu ki. Ni shu ken shō jin.
aussieht als würde es vom Feuer verzehrt, voll der Sorge, Angst und anderer Leiden, die es

うふしょくのう　にょぜしつじゅうまん
憂怖諸苦惱　如是悉充滿
U fu sho ku nō. Nyo ze shitsu jū man.
überall erfüllen. Diese Lebewesen mit ihren verschiedenen Vergehen, durchlaufen wegen

ぜしょざいしゅじょう　いあくごういんねん
是諸罪衆生　以惡業因縁
Ze sho zai shu jō. I aku gō in-nen.
ihres schlechten Karma Asamkhya Kalpas, ohne die Namen der Drei Juwelen jemals zu hören.

かあそうぎこう　ふもんさんぼうみょう
過阿僧祇劫　不聞三寶名
Ka a sō gi kō. Fu mon san bō myō.
Doch denjenigen, die Verdienste erworben haben und gütig und aufrichtig sind, ihnen allen

しょうしゅくどく　にゅうわしちじきしゃ
諸有修功徳　柔和質直者
Sho u shu ku doku. Nyū wa shichi jiki sha.
zeige ich mich und lege den Dharma dar, und sage ihnen: ‚Die Lebensspanne des Buddha ist

そっかいけんがしん　　ざいしにせっぽう
則皆見我身　在此而説法
Sok-kai ken ga shin. Zai shi ni sep-pō.
unermesslich‘. Und denjenigen, die mich erst nach einer langen Zeit sehen, erkläre ich: ‚Es ist

わくじいししゅ　　せつぶつじゅむりょう
或時爲此衆　説佛壽無量
Waku ji i shi shu. Setsu Butsu ju mu ryō.
sehr schwierig einem Buddha zu begegnen‘. Die Kraft meiner Weisheit ist derart, dass ihr

くないけんぶっしゃ　　いせつぶつなんち
久乃見佛者　爲説佛難値
Ku nai ken Bus-sha. I setsu Butsu nan chi.
Licht keine Grenzen kennt. Diese Lebensspanne von Asamkhyas Kalpas erlangte ich als Folge

がちりきにょぜ　　えこうしょうむりょう
我智力如是　慧光照無量
Ga chi riki nyo ze. E kō shō mu ryō.
meines langen Praktizierens. All diejenigen, die ihr von Weisheit durchdrungen seid, hegt keine

じゅみょうむしゅこう　　くしゅごうしょとく
壽命無數劫　久修業所得
Ju myō mu shu kō. Ku shu gō sho toku.
Zweifel! Werft sie für immer ab, denn meine Worte sind die Wahrheit und keine Lüge. So wie

にょとううちしゃ　　もっとししょうぎ
汝等有智者　勿於此生疑
Nyo tō u chi sha. Mot-to shi shō gi.
der Arzt, der geschickt hilfreiche Mittel einsetzt, um seine verwirrten Kinder zu retten, indem er,

とう だんりょうようじん　　　ぶつ ご じっ ぷ　こ
當斷令永盡　佛語實不虛
Tō dan ryō yō jin. Butsu go jip-pu ko.
obwohl er lebte, verkünden ließ, er sei tot, nicht der Lüge bezichtigt werden kann, bin ich der

にょ い ぜんほうべん　　　い　じ おう し　こ
如醫善方便　爲治狂子故
Nyo i zen hō ben. I ji ō shi ko.
Vater dieser Welt, der die Lebewesen aus dem Leiden errettet. Aufgrund der Verwirrung der

じつざい に ごん し　　　む のうせっ こ もう
實在而言死　無能說虛妄
Jitsu zai ni gon shi. Mu nō sek-ko mō.
einfachen Menschen, lasse ich verkünden, das ich verlöscht sei, obwohl ich es nicht bin.

が やく い せ ぶ　　　く しょ く げんしゃ
我亦爲世父　救諸苦患者
Ga yaku i se bu. Ku sho ku gen sha.
Denn wenn sie mich immer sehen, werden sie

い ぼん ぶ てんどう　　　じつざい に ごんめつ
爲凡夫顚倒　實在而言滅
I bon bu ten dō. Jitsu zai ni gon metsu.
arrogant und unmoralisch, werden den fünf

いじょうけん が　こ　　　に しょうきょうししん
以常見我故　而生憍恣心
I jō ken ga ko. Ni shō kyō shi shin.
Begierden anhaften und in die bösen Existenzen

ほういつじゃくごよく　　だ お あくどうちゅう
放逸著五欲　　墮於惡道中
Hō itsu jaku go yoku. Da o aku dō chū.
fallen. Ich erkenne immer, wer den Pfad

がじょう ちしゅじょう　　ぎょうどうふぎょうどう
我常知衆生　　行道不行道
Ga jō chi shu jō. Gyō dō fu gyō dō.
praktiziert und wer nicht, und so lehre ich alle

ずい おうしょ か ど　　い せつしゅじゅほう
隨應所可度　　爲説種種法
Zui ō sho ka do. I setsu shu ju hō.
Lebewesen entsprechend ihrer Fähigkeiten und

まいじ さ ぜ ねん　　い が りょうしゅじょう
「毎自作是念　以何令衆生
Mai ji sa ze nen. I ga ryō shu jō.
daher ist dies mein ständiger Gedanke: ‚Wie kann ich es herbeiführen, dass alle Lebewesen in den

とくにゅうむじょうどう　　そくじょうじゅぶっしん
得入無上道　　速成就佛身
Toku nyū mu jō dō. Soku jō ju Bus-shin.
Pfad der unübertroffenen Weisheit eintreten und schnell den Körper eines Buddha erlangen?‘.

みょう ほう れん げ きょう にょ らい じん りき ほん だい に じゅう いち

妙法蓮華經如來神力品第二十一

Myōhō Renge Kyō

Sūtra der Lotusblume des Wunderbaren Gesetzes

Nyorai Jinriki-hon Dai-nijū-ichi

Die übernatürlichen Kräfte des Tathāgata, Kapitel 21

しょぶっ く せ しゃ　　じゅうお だいじんずう

諸佛救世者　住於大神通

Sho Buk-ku se sha. Jū o dai jin zū.

Die Buddhas, die verehrten Retter der Welt, besitzen große übernatürliche Kräfte. Sie zeigen

い えっしゅじょう こ　　げん むりょうじんりき

爲悦衆生故　現無量神力

I es-shu jō ko. Gen mu ryō jin riki.

ihre unvergleichlichen und übernatürlichen Kräfte, um alle Lebewesen zu erfreuen. Die Spitzen ihrer

ぜっそう し ぼんでん　　しんぽう む しゅこう

舌相至梵天　身放無數光

Zes-sō shi bon den. Shin pō mu shu kō.

Zungen reichen bis in den Brahma-Himmel und sie geben unzählige Lichtstrahlen aus ihren

い ぐ ぶつどうしゃ　　げんし け う じ

爲求佛道者　現此希有事

I gu Butsu-dō sha. Gen shi ke u ji.

Körpern ab. Für jene, die die Erleuchtung ersehnen, zeigen die Buddhas diese

しょ ぶつきょうがいしょう　ぎゅうたんじ ししょう
諸佛謦欬聲　及弾指之聲
Sho Butsu kyō gai shō. Gyū tan ji shi shō.
außergewöhnlichen Taten. Der Klang ihres Hustens und das Fingerschnippen aller Buddhas

しゅうもんじっぽうこく　じ かいろくしゅどう
周聞十方國　地皆六種動
Shū mon jip-pō koku. Ji kai roku shu dō.
hallen in den Welten der zehn Richtungen wider, deren Erde auf sechs Arten erbebt. Da es nach

い ぶつめつ ど ご　のう じ ぜ きょうこ
以佛滅度後　能持是經故
I Butsu metsu do go. Nō ji ze kyō ko.
dem Verlöschen des Buddha jene gibt, die dieses Sūtra beibehalten, sind die Buddhas

しょぶつかいかん ぎ　げん むりょうじんりき
諸佛皆歡喜　現無量神力
Sho Butsu kai kan gi. Gen mu ryō jin riki.
hocherfreut und offenbaren ihre übernatürlichen und unbegrenzten Kräfte. Auch wenn ich die

ぞくるい ぜきょうこ　さん み じゅ じ しゃ
屬累是經故　讃美受持者
Zoku rui ze kyō ko. San mi ju ji sha.
Bewahrer dieses Sūtra für unzählige Kalpas preise, würde ich sie doch nie genug loben. Ihre

お むりょうこうちゅう　ゆう こ ふ のうじん
於無量劫中　猶故不能盡
O mu ryō kō chū. Yū ko fu nō jin.
Verdienste sind so grenzenlos, so unermesslich wie der Himmel der Welten der zehn Richtungen.

ぜ にん し く どく　　むへんむ う ぐ
是人之功德　無邊無有窮
Ze nin shi ku doku. Mu hen mu u gu.
Jeder, der dieses Sūtra beibehält wird in der Lage sein mich zu sehen und ebenso Buddha Tahō

にょじっぽう こ くう　　ふ か とくへんざい
如十方虚空　不可得邊際
Nyo jip-pō ko kū. Fu ka toku hen zai.
erblicken, jede meiner Emanationen und all die Bodhisattvas, die mich erblickt haben, die ich

のう じ ぜ きょうしゃ　　そくい い けん が
能持是經者　則爲已見我
Nō ji ze kyō sha. Soku i i ken ga.
belehrte und verwandelte. Jeder, der dieses Sūtra beibehält wird mich erfreuen, so wie auch

やっけん た ほうぶつ　ぎっしょふんじんしゃ
亦見多寶佛　及諸分身者
Yak-ken Ta-hō Butsu. Gis-sho fun jin sha.
meinen Emanationen Freude bereiten und ebenso Buddha Tahō, der vor langer Zeit ins

う けん が こんにち　きょうけ しょ ぼ さつ
又見我今日　教化諸菩薩
U ken ga kon nichi. Kyō ke sho Bo-satsu.
Nirvāna eingetreten ist. Sie werden in der Lage sein, die Buddhas der Gegenwart, Vergangenheit

のう じ ぜ きょうしゃ　りょう がぎゅうふんじん
能持是經者　令我及分身
Nō ji ze kyō sha. Ryō ga gyū fun jin.
und Zukunft der Welten der zehn Richtungen zu sehen und ihnen Opfergaben darbringen und

めつ ど た ほうぶつ　　いっ さいかいかん ぎ
滅度多寶佛　一切皆歡喜
Metsu do Ta-hō Butsu. Is-sai kai kan gi.
sie zu erfreuen. Die Buddhas saßen am Platz der Erleuchtung und erlangten das innerste und

じっぽうげんざいぶつ　びょうか こ み らい
十方現在佛　竝過去未來
Jip-pō gen zai Butsu. Byō ka ko mi rai.
verborgene Gesetz und jeder, der dieses Sūtra beibehält, wird es ebenfalls nach nicht langer

やっけんやっ く よう　やくりょうとっかん ぎ
亦見亦供養　亦令得歡喜
Yak-ken Yak-ku yō. Yaku ryō tok-kan gi.
Zeit erlangen. Jeder, der dieses Sūtra beibehält wird die Bedeutung der Lehre, die Namen und

しょぶつ ざどうじょう　しょとく ひ ようほう
諸佛坐道場　所得祕要法
Sho Butsu za dō-jō. Sho toku hi yō hō.
Worte dieses Sūtra darlegen können. Ihre Beredsamkeit wird so unbegrenzt und

のう じ ぜ きょうしゃ　ふ く やく とうとく
能持是經者　不久亦當得
Nō ji ze kyō sha. Fu ku yaku tō toku.
ungehindert wie der Wind am Himmel sein. Nach dem Eintreten des Tathāgata ins Nirvāna

のう じ ぜきょうしゃ　お しょほう し ぎ
能持是經者　於諸法之義
Nō ji ze kyō sha. O sho hō shi gi.
werden sie die Ursachen für die verschiedenen, von den Buddhas dargelegten Sūtras und ihre

みょうじぎゅうごん じ　　ぎょうせつ む ぐ じん
名字及言辭　樂說無窮盡
Myō ji gyū gon ji. Gyō setsu mu gu jin.
korrekte Reihenfolge kennen und legen sie gemäß ihrer wahren Bedeutung dar. So wie das

にょ ふう お くうちゅう　　いっ さい む しょうげ
如風於空中　一切無障礙
Nyo fū o kū chū. Is-sai mu shō ge.
Licht von Sonne und Mond alle Dunkelheit

お にょらいめつ ご　　ち ぶっしょせっきょう
於如來滅後　知佛所說敎
O Nyo-rai metsu go. Chi Bus-sho sek-kyō.
vertreibt, werden sie in der Welt wandeln, alle

いんねんぎゅうしだい　　ずい ぎ にょじっせつ
因緣及次第　隨義如實說
In-nen gyū shi dai. Zui gi nyo jis-setsu.
Düsternis der Lebewesen auslöschen und

にょにちがっこうみょう　　のうじょしょゆうみょう
如日月光明　能除諸幽冥
Nyo nichi gak-kō myō. Nō jo sho yū myō.
schließlich unermesslich viele Bodhisattvas in

し にんぎょうせ けん　　のうめつしゅじょうあん
斯人行世間　能滅衆生闇
Shi nin gyō se ken. Nō metsu shu jō an.
dem Einen Fahrzeug verweilen lassen. Daher wird

きょうむりょうぼ さつ　　ひっきょうじゅういちじょう
敎無量菩薩　畢竟住一乘
Kyō mu ryō Bo-satsu. Hik-kyō jū ichi jō.
ein weiser Mensch, der von den Vorzügen und

ぜ こ う ち しゃ　　もん し く どく り
是故有智者　聞此功德利
Ze ko u chi sha. Mon shi ku doku ri.
Verdiensten hört und dieses Sūtra nach meinem

お が めつ ど ご　　おうじゅ じ しきょう
「於我滅度後　應受持斯經
O ga metsu do go. Ō ju ji shi kyō.
Verlöschen annimmt und beibehält, ohne Zweifel

ぜ にん の ぶつどう　　けつじょうむ う ぎ
是人於佛道　決定無有疑
Ze nin no Butsu-dō. Ketsu jō mu u gi.
und definitiv den Weg des Buddha erlangen.

ご　い　ぶんいち にち　いっく

御遺文一日一句

Die tägliche Lesung aus den Schriften von Nichiren Daishōnin

- Goibun -

しょ ほう　じっ そう しょう

諸法実相鈔

Shohō Jissō Shō

Die Realität aller Dharmas

一閻浮提第一の御本尊を信じさせ給へ。あひかまへてあひかまえて、信心つよく候て、三仏の守護をかうむらせ給うべし。行学の二道をはげみ候べし。行学たへなば仏法はあるべからず。我もいたし人をも教化候へ。行学は信心よりをこるべく候。力あらば一文一句なりともかたらせ給うべし。

Ichienbudai daiichi no Gohonzon wo shinji sasetamae. Aikamaete, aikamaete, shinjin tsuyoku sōrōte, SamButsu no shugo wo kōmurase tamō beshi. Gyōgaku no nidō wo hagemi sōrō beshi. Gyōgaku taenaba, Buppō wa aru bekarazu. Ware mo itashi hito wo mo kyōke sōrae. Gyōgaku wa shinjin yori okorubeku sōrō. Chikara araba ichimon ikku nari tomo katarase tamōbeshi.

Haben Sie festen Glauben an den Großen Mandala Gohonzon, das Verehrenswerteste in der ganzen Welt. Bemühen Sie sich ernsthaft Ihren Glauben zu stärken, auf dass Sie gesegnet werden mit den Schutzkräften Śākyamuni Buddhas, Tahō Buddhas und den überall im Universum erschienenen Buddhas. Seien Sie bestrebt, die beiden Wege von Praxis und Lernen zu verwirklichen. Ohne Praxis und Lernen wird der Buddhismus aufhören zu existieren. Bemühen Sie sich, und bringen Sie andere dazu, diese zwei Wege der Praxis und des Lernens zu gehen, die aus dem Glauben kommen. Bitte verbreiten Sie, wenn möglich, nur ein Wort oder einen Satz des Sūtra an andere.

かん じん ほんぞんしょう

観心本尊抄

Kanjin Honzon Shō

Das Objekt der Verehrung zur Betrachtung des Herzens

釈尊の因行果徳の二法は妙法蓮華経の五字に具足す
我等此の五字を受持すれば自然に彼の因果の功徳を譲り与え給う

Shakuson no ingyō katoku no ni-hō wa Myōhō Renge Kyō no goji ni gusokusu. Warera kono goji wo juji sureba, shizen ni ka no inga no kudoku wo yuzuri atae tamō.

Alle guten Ursachen, Taten, Werke und Tugenden des Buddha Śākyamuni sind in den fünf Schriftzeichen des Titels des Lotus Sūtra, in 'Myōhō Renge Kyō' enthalten. Wenn wir den Glauben und die Praxis dieser fünf Schriftzeichen annehmen und beibehalten, werden auch wir ganz natürlich mit denselben Vorzügen seiner Ursachen und Wirkungen ausgestattet sein.

みょういちあまごぜんごへんじ

妙一尼御前御返事

Myōichi-Ama Gozen Gohenji

Antwort an Myōichi-Ama

夫、信心と申すは別にはこれなく候。妻のをとこをおしむが如く、をとこの妻に命をすつるが如く、親の子をすてざるが如く、子の母にはなれざるが如くに、法華経・釈迦・多宝・十方の諸仏菩薩・諸天善神等に信を入れ奉りて、南無妙法蓮華経と唱へたてまつるを信心とは申し候なり

Sore shinjin to mōsu wa bechi ni wa kore naku sōrō. Tsuma no otoko wo oshimu ga gotoku, otoko no tsuma ni inochi wo sutsuru ga gotoku, Oya no ko wo sutezaru ga gotoku, ko no haha ni hanarezaru ga gotoku ni, Hokekyō, Shaka, Tahō, Jippō no shoButsu-Bosatsu, Shoten Zenjin tō ni shin wo ire tatematsurite, Namu Myōhō Renge Kyō to tonae tatematsuru wo shinjin to wa mōshi sōrō nari.

Glaube ist nichts Besonderes. Eine Frau liebt ihren Mann und ein Mann widmet ihr sein Leben, Eltern geben ihre Kinder nicht fort und Kinder verlassen ihre Mutter nicht. Auf gleiche Weise sollten Sie an das Lotus Sūtra glauben, an Śākyamuni Buddha, an Tahō Buddha, an alle Buddhas, Bodhisattvas und die buddhistischen Schutzgottheiten (Shoten Zenjin). Dann rezitieren Sie Namu Myōhō Renge Kyō. Das ist Glaube.

じ みょう ほっけ もん どう しょう

持妙法華問答抄

Ji-Myōhoke Mondō Shō

Fragen und Antworten zur Annahme des Vertrauens in das Lotus Sūtra

(Kamakura, 1263)

唯人師の釈計りを憑みて仏説によらずば何ぞ仏法と云う名を付くべきや言語道断の次第なり

Tada ninshi no shaku hakari wo tanomite Bussetsu ni yorazuba, nani zo Buppō to iu na o tsukubekiya gongo dōdan no shidai nari.

Wenn wir uns ausschließlich auf die Kommentare der verschiedenen Lehrer und anderer Leute stützen und nicht den Aussagen des Buddha selbst folgen, wie können wir dann unseren Glauben Buddhismus nennen? Die ultimative Wahrheit kann nicht gänzlich mit bloßen Worten ausgedrückt werden, dies wäre gleichbedeutend mit dem Abschneiden Ihres Pfades zur Erleuchtung.

いっしょうじょうぶつしょう

一生成仏鈔

Isshō Jōbutsu Shō

Das Erreichen der Buddhaschaft in diesem Leben

仏の名を唱へ経巻をよみ、華をちらし、香をひねるまでも、皆我が一念に納めたる功徳・善根なりと信心を取るべきなり

Hotoke no na wo tonae, Kyōgan wo yomi, hana wo chirashi, kō wo hineru made mo mina waga ichinen ni osametaru kudoku zengon nari to shinjin wo toru beki nari.

Ganz gleich ob Sie den Namen des Buddha anrufen, ob Sie das Sūtra rezitieren, Blumen streuen oder Weihrauchpulver als Opfergabe (an die Drei Juwelen) zur Hand nehmen, alle Ihre tugendhaften Anstregungen werden Wohltaten und gute Wurzeln in Ihr Leben aussäen. Sie sollten Ihren Glauben in dieser Überzeugung leben.

うん ぞう

運想

Unzō - Widmung

Dieses Gebet, geschaffen vom Großen Ehrenwerten Udana'in Nichiki Shōnin (1800-1859), kann nach der Lesung der Schriften von Nichiren Daishōnin gesprochen werden, bevor das Odaimoku rezitiert wird.

とな　たてまつ　みょうほう

唱え奉る妙法は、

Tonae tatematsuru Myōhō wa,

さん　ぜ　しょ ぶつしょ しょう　きょうがい

これ三世諸佛所証の境界、

Kore sanze Sho-Butsu shoshō no kyōgai,

じょうぎょう さっ た　りょうぜん　べっぷ

上行薩埵、霊山別付の

Jōgyō sat-ta Ryōzen beppu no

しんじょう だいほう　ひと

真浄大法なり。一たびも

Shinjō daihō nari. Hito tabi mo

な　む　みょう ほう れん げ きょう

南無妙法蓮華経と

Namu Myōhō Renge Kyō to

とな　たてまつ　すなわ　じ

唱え奉れば、 即ち事の

Tonae tatematsureba, sunawachi Ji no

いちねんさんぜんしょうかんじょうじゅ
一念三千正観成就し、
Ichinen Sanzen shōkan jōju shi,

じょうじゃっこうどげんぜん　　む さ さんじん
常寂光土現前し、無作三身の
Jō-jakkō-do genzen shi, musa sanjin no

かくたいあらわ　　われ ら ぎょうじゃ
覚体現れ、我等行者、
Kakutai araware, Warera gyōja,

いっさいしゅじょう　おな　　ほっしょう
一切衆生と同じく法性の
Issai shujō to onajiku hosshō no

ど　こ　　じ じゅ ほう らく
土に居して自受法楽せん。
Do ni koshite jiju hōraku sen.

ほうおん　めぐ　　ほうかい
この法音を運らして法界に
Kono hō'on wo megurashite hōkai ni

じゅうまん　さんぼう　く よう
充満し、三宝に供養し、
Jūman shi, Sanbō ni kuyō shi,

あま　しゅじょう　ほどこ
普ねく衆生に施し、
Amaneku shujō ni hodokoshi,

だいじょういちじきょうがい　い
大乗一実の境界に入らしめ、
Daijō ichijitsu no kyōgai ni irashime,

ぶつ ど　ごんじょう　しゅじょう　り やく
佛土を厳浄し、衆生を利益せん。
Butsudo wo gonjō shi, Shujō wo riyaku sen.

(Deutsche Übersetzung)

Möge der Klang meiner Rezitation von Namu Myōhō Renge Kyō, der wesentlichen Praxis, das gesamte Universum aller Buddhas der Drei Reiche von Vergangenheit, Gegenwart und Zukunft durchdringen, als Opfergabe an die Drei Juwelen. Mögen alle Lebewesen der Welt, in die Eine Realität eintreten, das Große Fahrzeug und die Wohltaten durch unsere Rezitation des Odaimoku empfangen. Ich tue dies nun, um alle Wesen zu retten.

Rezitation des Odaimoku

南無妙法蓮華経

Namu Myōhō Renge Kyō

Ich widme mich dem Sūtra der Lotusblume des Wunderbaren Gesetzes

ほう とう げ

寳塔偈
Hōtōge

し きょう なん じ　にゃくざん じ しゃ

此經難持。若暫持者。

Shi␣kyō nan ji. Nyaku zan ji sha.

が そく かん ぎ　しょ ぶつ やく ねん

我即歡喜。諸佛亦然。

Ga␣soku kan gi. Sho␣Butsu yaku nen.

にょ ぜ　し にん　しょ ぶつ しょ たん

如是之人。諸佛所歎。

Nyoze shi nin. Sho␣Butsu sho tan.

ぜ そく ゆう みょう　ぜ そく しょう じん

是則勇猛。是則精進。

Ze␣soku yū myō. Ze␣soku shō jin.

ぜ みょう じ かい　ぎょう ず　だ しゃ

是名持戒。行頭陀者。

Ze␣myō ji␣kai. Gyō zu␣da sha.

そく い　しっ とく　む じょう ぶつ どう

則爲疾徳。無上佛道。

So␣ku i shit-toku. Mu␣jō Butsu dō.

のう お　らい せ　どく じ　し きょう

能於来世。讀持此經。

Nō o rai se. Doku ji shi kyō.

ぜ しん ぶっし じゅうじゅんぜん じ
是眞佛子。住淳善地。
Ze␣shin Bus-shi. Jū jun zen ji.

ぶつめつ ど ご のう げ ご ぎ
佛滅度後。能解其義。
Butsu metsu do go. Nō ge␣go gi.

ぜ しょ てん にん せ けん し げん
是諸天人。世間之眼。
Ze␣sho ten nin. Se␣ken shi gen.

お く い せ のう しゅ ゆ せつ
於恐畏世。能須臾説。
Oku i se. Nō shu yu setsu.

いっさい てん にん かい おう く よう
一切天人。皆應供養。
Is-sai ten nin. Kai ō ku␣yō.

␣= *2 kurze Schläge*

ほう とう げ

寶塔偈 （ドイツ語訳）

Hōtōge

Die Schwierigkeit das Sūtra beizubehalten

(aus Kapitel 11, Kenhōtō-hon: Das Erscheinen des Juwelenstupa)

Es ist schwierig dieses Sūtra beizubehalten.

Ich bin glücklich über jeden, der es auch nur für einen Augenblick beibehält. So sind es auch all die anderen Buddhas. Dieser Mensch wird von allen Buddhas gepriesen werden.

Dies bedeutet wahre Tapferkeit und wahren Fleiß.

Er soll angesehen werden als habe er bereits die Gebote beachtet und die *Dhutas praktiziert.

Er wird schnell den unübertroffenen Weg des Buddha erlangen.

Jeder, der dieses Sūtra in zukünftigen Existenzen liest und bewahrt, ist ein wahrer Sohn des Buddha, welcher in einem reinen und guten Land weilt.

*(*Askeseübung ohne Kleidung, Nahrung und Unterkunft.)*

Jeder, der nach dem Verlöschen des Buddha die Bedeutung dieses Sūtra erklären kann, wird das Auge der Welt von Göttern und Menschen sein.

Jeder, der dieses Sūtra auch nur für einen Augenblick in dieser abscheulichen Welt darlegen kann, soll mit Opfergaben aller Götter und Menschen geehrt werden.

えこう
廻向

Ekō –

Gebet zur Verbreitung der Wohltaten des Buddha

Voller Respekt widme ich die nun angesammelten Wohltaten dem makellosen Kreis der Ehrenvollen des Großen Mandala Gohonzon; dem großen gütigen Meister Śākyamuni, dem Ewigen Buddha; der überragenden Lehre, dem Lotus Sūtra; unserem Gründer, dem großen Bodhisattva Nichiren Daishōnin; und den Shoten Zenjin, den Schutzgottheiten des Dharma.

Möge der große Wunsch nach Kōsenrufu unseres Gründers Nichiren Daishōnin wahr werden, so dass alle Wesen unter dem Himmel und in den vier Weltmeeren in ihren ursprünglichen Zustand von Myōhō Renge Kyō zurückkehren und sich der Wunderbare Dharma durch die zehntausend Jahre des späten Zeitalters des Gesetzes verbreitet! Mögen wir erkennen, dass diese Welt das Reine Land des Ewigen Buddha ist!

Jedes Leben wird vom ewigen Kreislauf des Leidens befreit, die Ruhe des Tathāgata durchdringt jeden Winkel des Universums und die Lebewesen genießen Frieden und Glück.

Ich bete für den Geist meiner Vorfahren, Verwandten, Freunde und Verstorbenen, für all diejenigen, die eine Beziehung zum Buddha aufgebaut haben und für die, die dies noch nicht getan haben, damit sie den Ozean des Leidens überqueren und auf einer kostbaren Lotusblume sitzend die Buddhaschaft erlangen. Ich bete dafür, mit ihnen gemeinsam die vollkommene Erleuchtung des Buddha und das Glück der Befreiung zu erlangen.

Mögen mein Haus und meine Familie immer sicher und beschützt sein. Mögen meine Kinder und Nachkommen immer gesund sein und ein langes Leben geniessen und immer ihren Glauben an den Buddhismus und den Wunsch nach Erleuchtung annehmen und beibehalten und dabei den Tempel der Schule Nichiren Daishōnins unterstützen und beschützen.

Ich bete dafür, den Drei Juwelen meine tägliche Andacht zu widmen, im Einklang mit dem Wunderbaren Dharma zu leben und meinen Glauben und mein Verständnis des Buddhismus zu vertiefen; in der Lage zu sein, Bewusstsein, Weisheit und Mitgefühl zu entwickeln und all das negative Karma, das ich in der unendlichen Vergangenheit angesammelt habe auszulöschen, um mein Leben zu reinigen. Dieses innere Wachstum endet nie und mein Leben ist dem des Buddha und von Nichiren Daishōnin immer näher. Durch meinen aufrichtigen Glauben und meine tägliche Praxis kann ich die große und tiefgründige Freude des Buddhadharma erfahren!

Namu Myōhō Renge Kyō

し ぐ　せい がん

四弘誓願

Shigu Seigan

Die Vier Großen Bodhisattva-Gelübde

しゅ じょう む へんせいがん ど

衆生無邊誓願度

<u>Shujō Muhen Seigando</u>

Die Zahl der Wesen ist unendlich;
ich gelobe, sie alle zu erlösen.

ぼん のう む しゅ せいがんだん

煩悩無數誓願斷

Bonnō Mushu Seigandan

Unsere Begierden sind unerschöpflich;
ich gelobe, sie alle auszulöschen.

ほうもん む じん せいがん ち

法門無盡誓願知

Hōmon Mujin Seiganchi

Die Lehren des Buddha sind unermesslich;
ich gelobe, sie alle zu studieren.

ぶつどう むじょうせいがんじょう

佛道無上誓願成

Butsudō Mujō Seiganjō

Der Weg des Buddha ist unvergleichlich;
ich gelobe, den Erhabenen Pfad zu verwirklichen

南無妙法蓮華経

Namu Myōho Renge Kyō (3x)

ぶ そう
奉送
Busō
(Danksagungsverse an alle anwesenden Buddhas, Bodhisattvas und Shoten Zenjin der 10 Richtungen.)

(Nur der Mönch)

ゆい がん しょ しょう しゅ
唯 願 諸、 聖 衆、
Yui gan sho, shō shu
Alles worum ich bitte ist, dass all die heiligen Wesenheiten, die hier versammelt waren,

(Alle)

けつ じょう しょう ち が
決 定 證、 知 衆、
Ketsu-jō shō, chi ga
unsere Entschlossenheit im Glauben bezeugen und

かく とう ずい しょ あん
各 到 隋、 所 安、
Kaku tō zui, sho an
zu ihren jeweiligen Orten zurückkehren

ご ぶ すい あい ふ
後 復 垂、 哀 赴。
Go bu sui, ai fu.
und mit Eurem unermesslich großen Mitgefühl über uns wacht.

奉送
Busō
句頭 Leader
唯 イ 願 諸 聖 ウ 衆
Yu i Gan Sho Shō u Shu —
付 Assembly
決 ッ 定 證 知 我
Ke tsu Jo Sho Chi — — Ga
各 ク 到 随 (ウ) イ
Ka ku To Zu u i
所 安 ン 後 復 垂 イ
Sho A n Go Bu Su i
哀 イ 赴
A i Fū — —

お だい もく さん しょう ひき だいもく

御題目三唱 (引き題目)

Odaimoku Sanshō

(Hiki Daimoku)

こんじん ぶっしん いた たも たてまつ

今身より仏身に至るまで、よく持ち奉る

Konjin yori Busshin ni itaru made, yoku tamochi tatematsuru:

Bis ich die Buddhaschaft erlange, verspreche ich diesen Körper zu bewahren sowie den Glauben und die Ausübung von:

な む ほんもん ほんぞん なむみょうほうれんげきょう

南無本門の本尊、 南無妙法蓮華経

Namu Honmon no Honzon,
Nam(u)- Myōhō Ren-ge Kyō

*Nam(u) Myōhō Renge Kyō

Voller Hingabe nehme ich Zuflucht beim Objekt der Verehrung der Essenziellen Lehren des Lotus Sūtra.

なむほんもん　かいだん　なむみょうほうれんげきょう

南無本門の戒壇、 南無妙法蓮華経

Namu Honmon no Kaidan,
Nam(u)- Myōhō Ren-ge Kyō

*Nam(u) Myōhō Renge Kyō

Voller Hingabe nehme ich Zuflucht beim Kaidan (Ort für den Empfang der Gebote, des Glaubens und der Ausübung) der Essenziellen Lehren des Lotus Sūtras.

なむほんもん　だいもく　なむみょうほうれんげきょう

南無本門の題目、 南無妙法蓮華経

Namu Honmon no Daimoku,
Nam(u)- Myōhō Ren-ge Kyō

*Nam(u) Myōhō Renge Kyō

Voller Hingabe nehme ich Zuflucht beim Daimoku (Titel und Mantra) der Essenziellen Lehren des Lotus Sūtra.

蓮光寺版
Edizioni Renkōji
Renkōji Edition

Diese Taschenbuch-Version des Gongyō, bzw. der Otsutome Zeremonie, *Die Liturgie der Nichiren Shū*, wurde ursprünglich unter dem Titel *The Liturgy of Nichiren Shū Europe* veröffentlicht und wurde von der offiziellen Liturgie der Nichiren Shū in Japan, aus *Honmon Yōki* (Die wesentlichen Honmon-Lehren des Lotus Sūtra), herausgegeben vom Omosu Kai des Kitayama Honmonji-Tempels (Fujisan Hokke Honmonji Kongen), *Nichiren Shū Shūtei Hōyōshiki* aus dem Japanischen adaptiert und übersetzt, sowie aus den *Sacred Services of Nichiren Shū,* aus dem Myōkakuji Betsu-in-Tempel der Nichiren Shū San José, Kalifornien, den *Shūtei Nichiren Shū Hōyōshiki* (englische Ausgabe) und von *Seiten* (*Heilige Texte der Nichiren Shū*) des Tempels der Nichiren Shū Los Angeles.

Der chinesisch-japanische Text des Sūtra, der in diesem Buch verwendet wird, wurde aus dem Sanskrit-Original von Kumārajīva (im Jahr 406), *Miao Fa Lian Hua Jing* (*Myōhō Renge Kyō*) übersetzt. Das Layout und die Auswahl der Gebete in dieser deutschen Ausgabe wurden übernommen aus *La Liturgia della Nichiren Shū Italia*, geschrieben von Rev. Shōryo Tarabini und überarbeitet gemeinsam mit den Mitarbeitern des Renkōji Tempels, anschließend erfolgte die Übersetzung ins Deutsche durch Dr. Thomas Weimann.

Mögen die bei der Erstellung dieses Opus gesammelten Wohltaten das reine Land des Buddha ehren, die tiefgreifende Dankesschuld gegenüber den Drei Juwelen, unseren Eltern, Lehrern und allen älteren und erfahreneren Menschen ausgleichen und allen Leidenden oder Bedürftigen helfen. Mögen alle, die dieses Werk sehen, lesen oder hören, ihre Bodhisattva-Herzen zum Vorschein bringen, in den Weg des Buddha eintreten und die gesegnete Erleuchtung des Tathāgata erlangen.

Gasshō

Gasshō an das Leben

立正安国・お題目結縁運動
いのちに合掌

宗祖日蓮大聖人御誕生八百周年記念
Zum Gedenken an die 800 Jahre seit Geburt
unseres Gründers Nichiren Daishōnin,
am 16. Februar 1222

Namu Myōhō Renge Kyō

www.ingramcontent.com/pod-product-compliance
Ingram Content Group UK Ltd.
Pitfield, Milton Keynes, MK11 3LW, UK
UKHW020218250726
13967UKWH00001B/76

9 780244 195496